AF347335

NOTICE NÉCROLOGIQUE

SUR LE GÉNÉRAL DE DIVISION

DEPONTHON.

NOTICE NÉCROLOGIQUE

SUR LE GÉNÉRAL DE DIVISION

DEPONTHON,

INSPECTEUR GÉNÉRAL DU GÉNIE,

PAR M. LEFAIVRE,

COLONEL DU GÉNIE EN RETRAITE.

PARIS.

IMPRIMERIE DE VRAYET DE SURCY ET Cie,

RUE DE SÈVRES, 37.

—

1849.

NOTICE NÉCROLOGIQUE

SUR LE GÉNÉRAL DE DIVISION

DEPONTHON.

Chaque jour voit disparaître les officiers généraux qui ont combattu sous la république et sous l'empire. Le général Deponthon, qui a honoré sa carrière dans l'arme du génie, et qui a contribué à la gloire de ce corps, vient d'être enlevé à sa famille, à ses amis, à l'armée qui trouvait en lui le modèle des vertus militaires.

Charles-François Deponthon, né le 26 août 1777, à Éclaron (Haute-Marne), entra le 9 vendémiaire an III comme élève sous-lieutenant à l'école de Metz, passa lieutenant le 1er germinal, et fut attaché en cette qualité à la place de Metz. Employé à l'armée d'Italie dans le cours de l'an VI, il assista aux siéges de Mantoue, aux batailles de Castiglione et de Saint-Georges, au blocus et à la prise de Mantoue, et aux passages de la Piave et du Tagliamento. Après avoir contribué à la prise de Rome, il partit la même année pour l'Égypte, se trouva à la prise de Malte, à celle d'Alexandrie, au combat de Romanieh, aux batailles de Chebreiss et des Pyramides, ainsi qu'à la prise du Caire, et obtint, le 1er vendémiaire an VII, le grade de capitaine. Pendant les années VII, VIII et IX il prit part à la bataille et au siége d'Aboukir, au siége du Caire, au combat de Damiette, au débarquement des Anglais à Aboukir, à celui des Turcs au Boghaz de Lesbé, et à la défense d'Alexandrie ; il revint en France à la suite de la capitulation de cette dernière place.

Il fut ensuite envoyé sur le Rhin, puis à l'île de Cadzand ; il y servit pendant les années X et XI, et à l'armée des côtes de l'Océan durant les ans XII et XIII. Légionnaire, le 25 prairial an XII, il fut appelé, en 1806, auprès de l'empereur en qualité d'officier d'ordonnance, et promu chef de bataillon le 5 juin 1807, double récompense de sa conduite pendant les campagnes d'Égypte, où la mort de Kléber arrêta les suites de la demande d'un sabre d'honneur que ce général avait faite pour lui. Pendant les guerres d'Autriche, de Prusse et de Pologne, il se distingua de nouveau, notamment à Austerlitz et à Iéna, aux siéges de Glogau, Breslau, Neiss, Kosel, Schweidnitz, à la prise du camp retranché de Glatz et au siége de Stralsund. En mission en 1808 près de l'empereur Alexandre, il se rendit la même année en Espagne, puis, en 1809, l'Empereur lui confia une nouvelle mission pour la Russie, et en 1810 il lui conféra le titre de baron de l'empire et l'attacha à son cabinet particulier.

Quelque temps après, Napoléon le chargea de reconnaître la Hollande, les embouchures de l'Ems, du Weser et de l'Elbe, et le canal qui communique de la Baltique à la mer du Nord.

Colonel le 7 octobre de la même année, Deponthon resta toujours attaché au cabinet de l'Empereur, suivit la grande armée en Russie et assista à la prise de Smolensk, à la bataille de la Moskowa et à la prise de Moscou. Officier de la Légion d'honneur le 27 janvier 1813, et commandant du génie au 6° corps de la grande armée en Saxe, il prit part aux batailles de Lutzen et de Bautzen, et, jusqu'en avril 1814, il eut la direction du génie au 13° corps, commandé par le maréchal Davoust, ainsi que dans la place de

Hambourg. Il avait été élevé par ce maréchal au grade de général de brigade le 27 mars précédent; mais cette promotion, n'étant que provisoire, ne fut confirmée que le 4 octobre suivant. Il était chargé de la direction du génie à Paris, lorsqu'il reçut la décoration de Saint-Louis le 21 du même mois. Confirmé dans son grade par l'Empereur le 4 avril 1815, il dirigea pendant les Cent-Jours les travaux de défense de la capitale.

Conservé en activité sous la seconde restauration, il remplit, de 1816 à 1826, les fonctions d'inspecteur permanent de la direction du génie à Paris, et fut nommé commandeur de la Légion d'honneur le 1er mai 1821, et, en 1827, membre du comité des fortifications et de la commission mixte des travaux publics.

Le baron Deponthon, lieutenant-général depuis le 24 août 1838, avait été maintenu, par ordonnance du 19 août 1842, dans la première section du cadre d'état-major général, et nommé grand officier de la Légion-d'Honneur le 14 avril 1844; passé ensuite au cadre de réserve le 27 août 1845, il fut nommé pair de France en 1847, et enfin admis à la retraite le 11 avril 1848.

Le général Deponthon a, comme on le voit, fourni une de ces brillantes carrières dont on est fier d'enrichir les annales de sa famille, et que peuvent lui envier tous ceux qui ont traversé les guerres de l'empire. Depuis 1796, il a, sans interruption, fait toutes les campagnes qui se sont succédé en Italie, en Egypte, en Allemagne, en Espagne, en Russie et en France, et il a été sous l'Empire un des derniers à remettre l'épée dans le fourreau, puisque, le 27 avril 1814, il était encore présent à la défense d'Harbourg contre la dernière tentative du général Benigsen. Harbourg était un des points extérieurs de l'importante position de Hambourg, que le 13e corps commandé par le prince d'Eckmühl était venu occuper dans les premiers jours de décembre 1813, après avoir tenu la campagne depuis le revers de Leipsick, pour assurer la possession du bas Elbe, couvrir le Hanovre et appuyer par la gauche tous les mouvements ultérieurs de la grande armée. Il avait fallu relever les restes d'une vieille enceinte en terre, y ajouter une foule d'ouvrages extérieurs pour s'établir le plus solidement possible, depuis le dehors du faubourg Saint-Georges, les îles entre Hambourg et Harbourg, jusqu'au camp retranché en avant de ce point, qui était la tête de la position, ouvrages immenses qui présentaient un développement de près de 8 lieues, et dont l'établissement avait été dirigé par le colonel Deponthon, que Napoléon avait envoyé à cet effet au prince d'Eckmühl dès le mois de juin. Aussi l'Empereur était-il tranquille, sachant qu'il avait là un homme dont l'esprit étendu et le caractère positif lui garantissaient l'emploi juste et convenable de toutes les ressources. En effet, tous les efforts de Benigsen, à la tête de 60,000 hommes, vinrent échouer contre les moyens de défense qui avaient été organisés, et que le 13e corps n'abandonna que le 29 avril, ayant encore 22,000 hommes et cent pièces de canon attelées avec leurs caissons.

Le maréchal fut si satisfait du concours du colonel Deponthon dans cette grande défense, qu'il le nomma provisoirement général de brigade.

Cette transition subite d'une résistance opiniâtre de cinq grands mois contre des forces presque triples à la chute de toute notre grandeur, fit une impression d'autant plus vive sur l'esprit du général Deponthon, qu'il n'y avait point été préparé par la série des événements malheureux qui avaient été complétement ignorés à Hambourg où on était étroitement bloqué. Son cœur, vraiment français, en avait été tellement navré, qu'il l'a déplorée jusque dans les derniers temps de sa vie, et ce triste souvenir contribuait à augmenter chez lui cet aspect sérieux et froid qui imposait au premier coup d'œil, mais qui disparaissait aussitôt par la bienveillance avec laquelle il accueillait ses camarades et surtout ses inférieurs : aussi a-t-il laissé les plus affectueux souvenirs parmi les officiers qui ont servi sous ses ordres ou même parmi ceux qui n'ont eu avec lui que de simples relations de société, car il se complaisait à s'entourer de tous les officiers du génie, et ils auront longtemps présent à la mémoire le charme de ces réunions que le général présidait d'une manière si honorable.

Au nombre des faits particuliers qui jettent de l'éclat sur la vie militaire du général Deponthon, on peut citer les suivants :

A la bataille des Pyramides, il tua de sa propre main un Mameluck sur le corps duquel il prit un poignard précieux qu'il a rapporté en France, et qu'il a toujours conservé comme un souvenir de ses campagnes en Egypte.

Le général Bonaparte lui témoigna sa satisfaction sur sa belle conduite à Aboukir, en le nommant, le 7 thermidor an VII, capitaine sur le champ de bataille.

Lors du débarquement de l'ennemi au Boghaz de Lesbé, à l'embouchure du Nil, le 10 brumaire an VIII, le général Verdier lui promit un sabre d'honneur, après la sanglante affaire dans laquelle il enfonça les Turcs et les rejeta dans la mer ; c'est là que le capitaine Deponthon, pour arrêter le carnage, se précipita à l'eau en avant des Turcs, afin de faire cesser le feu de nos soldats.

Après le combat de Damiette, dans un rapport qu'ils firent au général en chef, à la date du 19 floréal an X, les généraux Bertrand et Sanson s'exprimaient ainsi : « Le capitaine Deponthon s'est particulièrement distingué lors du débarquement des Turcs à Damiette ; chargé de reconnaître leur position, il ne vit d'autre parti à prendre pour assurer le succès de cette opération que d'attaquer leurs avant-postes à la tête de la cavalerie qui lui servait d'escorte. » Cette action lui avait mérité, comme on l'a vu plus haut, de la part du général Kléber, la promesse d'un sabre d'honneur, que la mort prématurée de ce général laissa sans effet.

Il termina ses campagnes à l'armée d'Orient par sa coopération aux grands travaux de défense exécutés autour d'Alexandrie, travaux qui en imposèrent tellement à l'armée anglo-turque qu'elle préféra attendre qu'on eût mangé jusqu'au dernier cheval plutôt que de tenter des attaques qu'elle jugeait devoir rester sans succès.

Sa coopération à la défense de Hambourg a donné lieu à plusieurs rapports extrêmement honorables.

Le prince d'Eckmühl, en réclamant la confirmation du grade de général de brigade qu'il lui avait conféré, disait à l'Empereur : « Je dois faire connaître à Votre Majesté que cet officier a pleinement justifié son choix par la manière dont il a rempli les fonctions importantes qu'elle lui avait confiées. »

Le duc de Raguse écrivait au ministre de la guerre, le 9 juillet 1814 : « Je viens vous prier, de la manière la plus instante, de confirmer dans le grade de maréchal-de-camp M. Deponthon, l'un des officiers de l'armée les plus distingués et les plus méritants, grade que je comptais solliciter pour lui quand il m'a été enlevé pour l'envoyer à Hambourg. »

M. le maréchal Gérard appuyait cette confirmation dans son rapport du 30 du même mois par ces mots : « Les travaux immenses au moyen desquels cet officier a fait de la ville de Hambourg une forteresse respectable, la promptitude avec laquelle ces travaux ont été exécutés, ont fixé mon opinion sur le zèle et la capacité de M. Deponthon ; mais ce qui a pu encore plus par-

ticulièrement décider le suffrage que je lui ac-
corde, c'est l'estime générale dont il jouit dans
l'armée, car je n'ai entendu qu'une même voix
sur son compte, celle de l'approbation. »

D'après ces honorables témoignages, il est su-
perflu de parler du mérite du général Deponthon comme militaire ; sa position d'officier d'ordonnance qui lui fut donnée après la bataille
d'Austerlitz, puis celle de secrétaire du cabinet
particulier de l'Empereur à laquelle il fut appelé
ensuite, répondent aux questions qu'on pourrait
faire à ce sujet. L'Empereur, comme on sait, avait
le précieux avantage de bien apprécier les hommes, et savait s'entourer de capacités ; aussi lui
confia-t-il l'exécution de ses importants projets
sur Hambourg, auxquels il attachait le plus
grand intérêt. En 1807, lorsque, d'accord avec
Alexandre sur le système continental, ce puis-
sant allié voulut mettre les côtes de la Baltique à
l'abri de l'insulte des Anglais, il demanda à Napoléon un officier du génie. C'est le chef de bataillon Deponthon qu'il lui envoya, et qui, de
concert avec l'amiral Tchitchakoff, en fit la re-
connaissance et rédigea un projet de défense
dont Alexandre fut si satisfait, qu'il le décora de
la croix de Saint-Wladimir.

Plus tard, en 1808, le commandant Deponthon quitta l'Empereur en Espagne pour une seconde mission en Russie.

Le général Deponthon possédait un esprit solide et un jugement sain ; il s'exprimait avec une grande clarté. La lenteur de sa diction nuisait quelquefois, au premier abord, à l'opinion qu'on pouvait se former sur son compte : mais sitôt qu'il s'agissait d'un sujet de haute portée, il s'animait peu à peu, son débit devenait facile, et il jetait du charme sur ses récits. Doué d'une dignité naturelle qu'avaient fortifiée les grades élevés et la fréquentation d'hommes éminents, il la tempérait par cette simplicité de mœurs et cette modestie qui accompagnent toujours le vrai mérite, ainsi que par une bienveillance qui lui gagnait l'affection de tous les officiers du génie et qui lui assure les longs et sincères regrets de tous ceux qui ont été assez heureux pour le connaître.

FIN.